भोला का झोला

पदुमलाल पुन्नालाल बख्शी

उत्तम प्रकाशन
सी-191, आनन्द विहार, दिल्ली

ISBN 81-88720-10-0

उत्तम प्रकाशन
सी-191, आनन्द विहार
नई दिल्ली-110093

•

प्रथम संस्करण : 2011

•

•

मूल्य : 30.00

•

शुभम ऑफ़सेट दिल्ली-110032
द्वारा मुद्रित

भगवान छप्पर फाड़ कर देते हैं।

भोला ने रजनी से कहा, ''चलो, आज तुक का खेल खेलेंगे।''

रजनी ने कहा, ''अच्छा, चलो तुम शुरू करो।''

भोला : ''अब हठ मत कर।''

रजनी : ''उठ अब चल घर।''

भोला : ''रथ पर चढ़कर राजा आता।''

रजनी : ''तब वह अपना महल सजाता।''

भोला : ''खाता किसमिस, लीची, ककड़ी।''

रजनी : ''कभी-कभी मेवे की खिचड़ी।''

भोला : ''ककड़ी के साथ खिचड़ी की तुक नहीं जमती। तुक तो मिला नहीं सकती रजनी—आखिर वह उल्लू की सजनी।''

रजनी : ''भोला वैल साथ ले जाता।
तब वह झोला निज फैलाता ॥''

भोला : ''भोला नहीं किसी से लेगा।
छप्पर फाड़ भक्त को देगा। ॥

रजनी ने हँसकर कहा, ''यह छप्पर फाड़ने का क्या मतलब है?''

भोला : ''चाचा जी ने मुझको इसी विषय पर एक कहानी सुनाई थी। मैं तुमको वही सुनाता हूँ। तब तुम समझ जाओगी कि भगवान शिव कैसे छप्पर फाड़कर देते हैं।''

रजनी ने कहा, ''अच्छा सुनाओ अपनी कहानी।''

भोला कहने लगा, एक ब्राह्मण था। वह बड़ा गरीब था। पर वह भगवान शिव का भक्त था। उसे भगवान की दया पर बड़ा विश्वास था। वह मन्दिर जाता था और पूजा कर, घर लौट जाता था। वह कभी किसी से कुछ नहीं माँगता था। मन्दिर में लोग आकर जो कुछ दे जाते थे। वही पाकर वह सन्तोष कर लेता था। गाँव में कितने ही बड़े-बड़े लोग थे। उस ब्राह्मण के व्यवहार से सभी प्रसन्न थे। यदि किसी के भी पास जाता तो उसकी इच्छा पूरी हो सकती थी। पर वह कहता था कि भगवान जब देते हैं, तब छप्पर फाड़ देते हैं।

एक दिन वह पूजा कर लौटने लगा। उसके चले जाने के बाद पार्वती जी ने शंकर जी से कहा, ''देखो, यह तुम्हारा बड़ा भक्त है। तुम उसे कुछ दे क्यों नहीं देते हो, जिससे उसका दुःख दूर हो जाए।'' शिवजी ने हँसकर कहा, ''देने के लिए तो मैं उसे दे दूँ पर वह ब्राह्मण भी बड़ा कट्टर है। वह तो यही कहता है कि जब भगवान् देंगे तब छप्पर फाड़ कर देंगे।'' पार्वती ने कहा, ''उसके पास मोहरों से भरा हुआ घड़ा रख दो। देखें तो भला वह कैसे नहीं ले जाता।'' वैसा ही कर दिया गया। ब्राह्मण के रास्ते पर एक कुआँ मिलता था। उसी कुएँ के पास, मिट्टी का एक बड़ा घड़ा मोहरों से भरकर और उसे ढाँककर, शिवजी ने रख दिया। जब ब्राह्मण उस कुएँ के पास पहुँचा, तब उसने उस बड़े घड़े को देखा। पास जाकर उसने उस घड़े को खोला। वह मोहरों से भरा हुआ था। उन्हें देखकर वह हँसने लगा और बोला, ''भगवान् मेरी अच्छी परीक्षा ले रहे हैं, भला मिट्टी के घड़ा में कहीं कोई मोहर रखेगा! पर मैं इन्हें नहीं लूँगा। यदि भगवान को देना ही है तो वे छप्पर फाड़ कर ही देंगे।'' यह कहकर वह ब्राह्मण घर चला आया। शिवजी ने पार्वती से कहा, ''देखो, इस ब्राह्मण का ढंग!'' पार्वती

ने हँसकर कहा, "है तो पक्का भक्त। तुम उसकी परीक्षा लेना चाहते थे और वह तुम्हारी परीक्षा लेना चाहते है। अब तो कोइ उपाय करना पड़ेगा।" शंकर जी ने कहा, "देखो, कोई-न-कोई उपाय हो ही जाएगा।"

जब ब्राह्मण घर पहुँचा तब रात हो गई थी। उसकी स्त्री ने कहा, "आज तो अन्न खत्म हो गया। कल के लिए कुछ भी नहीं बचा है।" ब्राह्मण ने कहा, "कल की चिन्ता क्यों कर रही हो? जिसने आज दिया है वह कल भी देगा। मैं न तो चिन्ता करता हूँ और न लोभ। आज जब मैं मन्दिर से लौट रहा था, तब कुएँ के पास मैंने मोहरों से भरा हुआ एक घड़ा देखा। पर मैंने उसे छुआ तक नहीं। भगवान् जब देते हैं तब छप्पर फाड़कर ही देते हैं मैं क्यों सड़क पर पड़ी हुई मोहरों के लिए चाह करूँ?"

उसी समय तीन चोर बाहर खड़े हुए थे। उन्होंने ब्राह्मण की बात सुनी। उन्हें बड़ा अचरज हुआ। वे लोग मन्दिर की ओर गए उन्होंने कुएँ के पास एक घड़ा देखा। ज्योंही एक ने लपक कर उसे खोला, त्यों ही उसने देखा कि उनमें बड़े-बड़े बिच्छू भरे थे। उसने अपने साथियों से कहा, "देखो, उस ब्राह्मण ने हम लोगों को कैसे धोखा दिया। इस घड़े में तो बड़े भयानक बिच्छू भरे हैं।" दूसरे ने कहा, "ब्राह्मण को सजा देनी चाहिए। रात हो गई है, ब्राह्मण सो ही गया होगा। चलो, हम लोग उस घड़े को, उसके घर का छप्पर फाड़कर, उसी पर उड़ेल दें। बिच्छुओं से ब्राह्मण को काफी सजा मिल जाएगी।" यह बात सोचकर उन तीनों ने उस घड़े को अच्छी तरह बाँध लिया। फिर वे उसे उठाकर ब्राह्मण के घर के पास ले गए। एक धीरे से ऊपर चढ़ गया। दूसरे ने रस्सी के सहारे उस घड़े को ऊपर पहुँचा दिया। उस चोर ने छप्पर को फाड़कर, उस घड़े को उड़ेल दिया। फिर तीनों भाग गए। घड़-घड़ की आवाज से ब्राह्मणी जाग गई। उसने देखा कि मोहरों की वर्षा हो रही है। उसने ब्राह्मण को जगाकर कहा, "देखो तो, छप्पर से मोहरों

की कैसी वर्षा हो रही है!" ब्राह्मण ने हँसकर कहा, "कोई आश्चर्य नहीं है, मैंने तो कह ही दिया था कि भगवान जब देते हैं, तब छप्पर फाड़कर ही देते हैं।"

उसी समय भोला के चाचा पहुँच गए। रजनी ने कहा, "चाचा जी, भोला ने अभी छप्पर फाड़कर देने की कहानी सुनाई। पर भगवान् ने ऐसा किया क्यों?" चाचा जी ने कहा, "रजनी भगवान् जब देते हैं तब ऐसे ही देते हैं वे खुद थोड़े ही आते हैं। तुम्हें एक कहानी और सुनाता हूँ।"

"एक बार एक ब्राह्मण को अपनी कन्या के विवाह के लिए पाँच हजार रुपयों की जरूरत पड़ी। वह मन्दिर में जाकर, शिव जी की पूजा करने लगा। उसकी पूजा से प्रसन्न होकर, पार्वती जी ने शिव जी से कहा, "आप इस ब्राह्मण पर दया क्यों नहीं करते?" शंकर जी ने कहा, "अच्छा-अच्छा, मैं इसका भी काम पूरा करा दूँगा।" महा-शिवरात्रि के जब दो दिन गए तब एक बनिया उसी मन्दिर में आकर ठहर गया। रात हो गई थी। खा-पीकर वह वहीं लेट गया। अपरिचित जगह होने के कारण उसे नींद नहीं आ रही थी। दो बजे के बाद पार्वती जी ने शंकर जी से कहा, "तुम्हें याद है, तुमने ब्राह्मण को देने के लिए कहा था।" शिवजी ने कहा, "अभी शिवरात्री के दो दिन बचे हैं। शिवरात्री के दिन उसको मैं पाँच हजार रुपए दूँगा। तुम चिन्ता मत करो।"

बनिये ने यह बात सुन ली। वह बड़ा खुश हुआ। उसने सोचा, यह तो बड़ा अच्छा सौदा होगा। ब्राह्मण को कुछ पता नहीं है। मैं उसे पाँच सौ रुपए देकर यह तय कर लूंगा कि शिवरात्री के दिन उसे कुछ मिले, वह मुझे दे दिया जाए। दूसरे दिन ब्राह्मण को बड़ा आश्चर्य हुआ, पर उसने

स्वीकार कर लिया। बनिए ने ब्राह्मण को पाँच सौ रुपए तुरन्त दे दिए। शिवरात्रि के दिन बनिया बड़ी व्यग्रता से पाँच हजार रुपए की राह देखने लगा। पर गाँव वालों ने आखिर जो कुछ उस दिन चढ़ाया, उसकी कीमत पाँच रुपये से अधिक नहीं थी। बनिये को बड़ा क्रोध हुआ।

रात को फिर पार्वती जी ने शंकर जी से पूछा, ''क्या तुमने ब्राह्मण को पाँच हजार रुपए दिए? शिवजी ने कहा, ''पाँच सौ रुपए तो मैंने उसे बनिये से दिला दिए और बाकी रुपयों के लिए मैंने उसके कान चिपका दिए हैं; क्योंकि वह हम लोगों की बात सुन रहा है। जब तक वह बाकी रुपया नहीं देगा तब तक उसके कान चिपके ही रहेंगे।'' यह सुनकर बनिया अपने कान हटाने की कोशिश करने लगा, पर उसके दोनों कान चिपक गए थे। वह ब्राह्मण को और जोर से पुकारने लगा। उसकी चिल्लाहट सुनकर ब्राह्मण आया। ब्राह्मण ने पूछा, ''क्या बात है, साब जी?'' साव जी ने कहा, ''भैया, मेरी उस पोटी में 4500 रुपए हैं। उन सब रुपयों को तुम ले लो। मैं तुम्हें देता हूँ पर जल्दी करो...'' ब्राह्मण कुछ समझ नहीं सका, पर बनिये की प्रार्थना पर उसने सब रुपए ले लिए। तब बनिये के कान छूटे। भगवान जब किसी को देते हैं, तब वे किसी दूसरे मनुष्य से ही दिलाते हैं।''

पहचान

भोला के घर एक बार एक पण्डित जी आए। उन्होंने एक कहानी सुनाई—

एक था अँधा ब्राह्मण। वह गाँव से कुछ दूर एक कुटी में रहता था। गाँव के लोग उसे खूब मानते थे। उन्हीं के कारण वह जंगल में भी रहकर, खाने-पीने की तकलीफ नहीं पाता था। वह देख तो नहीं सकता था, पर वह सब लोगों को अच्छी तरह पहचान लेता था।

एक बार राजा अपने मन्त्री और नौकर के साथ जंगल में शिकार खेलने गया। वहाँ वह भटककर अपने साथियों से अलग हो गया। वह अँधा साधु अपनी कुटिया के पास बैठा हुआ था। राजा का नौकर उधर से निकला। उसने उस अँधे साधु को देखकर कहा, ''अरे भिखारी, क्या तुझे पता है कि इधर से कोई घोड़ा पर सवार होकर निकला है?''

उस अँधे ने कहा, ''नहीं। अभी तक कोई आदमी नहीं निकला है।''

वह नौकर आगे बढ़ गया। उसके बाद राजा का मन्त्री उधर से निकला। उसने अँधे को देखकर कहा, ''अजी तुम यहाँ कब से बैठो हो?'' उस अँधे ने कहा, ''मैं तो बड़ी देर से बैठा हूँ।'' मन्त्री ने पूछा, ''क्या तुम्हें पता है कि इधर से कोई घोड़े पर सवार निकला है?''

उस अँधे ने कहा, ''इधर से कोई घुड़सवार तो नहीं निकला है, पर एक आदमी उसी की खोज इधर से निकला है।''

वह मन्त्री भी आगे बढ़ गया। उसके बाद खुद राजा उधर से निकला उसने उस अँधे को देखकर पूछा, ''बाबा जी, क्या आपने इधर से निकलते

हुए किसी को देखा है?'' उसने कहा, ''हाँ महाराज, पहले आपका नौकर आपकी खोज में इधर से निकला। और फिर आपका मन्त्री। वे लोग नजदीक ही कहीं होंगे।''

राजा आगे बढ़ गया और अपने मन्त्री और नौकर को पा गया। उनसे मिलने पर राजा ने उस अँधे की बात पूछी। दोनों ने बतलाया कि उन्होंने तो अपने सम्बन्ध में कोई बात नहीं बताई। तब राजा को बड़ा आश्चर्य हुआ कि वह अँधा यह कैसे जान गया कि एक उसका नौकर है और एक उसका मन्त्रीं उसने अँधे से पूछा।

अँधे ने कहा, ''महाराज, लोगों के व्यवहार से यह साफ पता चल जाता है कि कौन कैसा आदमी है। आपके नौकर और मन्त्री के व्यवहार से मैं समझ गया कि एक को नौकर होना चाहिए और दूसरे को मन्त्री।'' राजा बड़ा खुश हुआ। उसने तुरन्त ही उसके लिए खाने-पीने की व्यवस्था महल में करा दी। वह अँधा ब्राह्मण अब अधिक आराम से रहने लगा। राजा उसके पास बार-बार आया करता था, और तरह-तरह की बातें पूछा करता था। वह राजा की सब बातों का उत्तर दिया करता था और राजा उससे बड़ा खुश रहता था। पर राजा के मन्त्री को इस बात से बड़ी जलन होती थी। वह उस अँधे ब्राह्मण की प्रतिष्ठा घटाने के लिए हमेशा कोशिश करता।

एक दिन राजा ने पूछा, ''बाबा जी, बताइए मेरा मन्त्री कैसा है?'' बाबा जी ने कहा, ''आपका मन्त्री किसी क्षत्रिय ठाकुर का बेटा नही है। जान पड़ता है कि वह किसी ब्राह्मण का बेटा है।''

राजा को उसकी बात सुनकर बड़ा आश्चर्य हुआ। उसने पता लगाया, तब बाबा जी की बात बिल्कुल सच निकली। राजा के पूछने पर बाबा जी ने बतलाया कि सच्चा ठाकुर कभी किसी अँधे ब्राह्मण से जलन नहीं रख सकता। कोई ब्राह्मण-ही-ब्राह्मण से ईर्ष्या करेगा। राजा खूब खुश हुआ और

उसके लिए पाँच रुपए महीने की व्यवस्था करा दी।

इसके बाद एक दिन राजा ने पूछा, ''मेरी रानी कैसी है?''

बाबा जी ने कहा, ''आपकी रानी किसी दासी की बेटी है। उसमें रानी का खून नहीं है।''

पता लगाने पर राजा को मालूम हुआ कि उसकी रानी को एक दासी ने दूध पिलाकर बड़ा किया था। राजा के पूछने पर बाबाजी ने बतलाया कि रानी खाने का जो सामान भेजती थी, उसमें कभी न कमी हुई और कभी न कोई चीज ज्यादा हुई। एक दासी का हृदय रखनेवाली स्त्री ऐसी छोटी बातों पर ध्यान रख सकती है।

राजा फिर बड़ा खुश हो गया और उसने बाबा जी के लिए दस रुपए महीने की व्यवस्था करा दी।

इसके कुछ दिनों बाद राजा ने पूछा, ''मैं कैसा हूँ?''

बाबा जी ने कहा, ''आप राजा तो जरूर हैं, पर हैं किसी पक्के बनिये के बेटे।''

राजा अपनी माँ के पास पहुँचा और उससे अपने सम्बन्ध में पूछा। उसकी माँ ने बतलाया कि दो बार लड़कियाँ हो जाने के कारण, उसके पिता, अर्थात् राजा ने यह प्रतिज्ञा की कि यदि फिर लड़की हुई, तो वह रानी को छोड़ कर किसी और से ब्याह कर लेगा। भाग्यवश फिर लड़की हुई। तब रानी ने अपनी दासी के द्वारा एक गरीब बनिये के तुरंत पैदा हुए लड़के को रुपए देकर मँगवा लिया और अपनी लड़की उसको दे दी। परन्तु यह बात बिल्कुल छिपी हुई थी, इसे कोई नहीं जानता।

राजा से पूछने पर बाबा जी ने बताया कि जो बनिया होता है, वही धीरे-धीरे प्रसन्न होने पर वेतन बढ़ाता है। राजा तो एक बार प्रसन्न होकर दिल खोलकर दे डालता है। राजा उस बात समझ गया।